LES VÉHICULES DE LUXE

LA R8 D'AUDI

Un livre de la collection Les branches de Crabtree

Tracy Nelson Maurer

CRABTREE
Publishing Company
www.crabtreebooks.com

Soutien de l'école à la maison pour les parents, les gardiens et les enseignants

Ce livre très intéressant est conçu pour motiver les élèves en difficulté d'apprentissage grâce à des sujets captivants, tout en améliorant leur fluidité, leur vocabulaire et leur intérêt pour la lecture. Voici quelques questions et activités pour aider le lecteur ou la lectrice à développer ses capacités de compréhension.

Avant la lecture

- *De quoi ce livre parle-t-il?*
- *Qu'est-ce que je sais sur ce sujet?*
- *Qu'est-ce que je veux apprendre sur ce sujet?*
- *Pourquoi je lis ce livre?*

Pendant la lecture

- *Je me demande pourquoi...*
- *Je suis curieux de savoir...*
- *En quoi est-ce semblable à quelque chose que je sais déjà?*
- *Qu'est-ce que j'ai appris jusqu'à présent?*

Après la lecture

- *Qu'est-ce que l'autrice veut m'apprendre?*
- *Nomme quelques détails.*
- *Comment les photographies et les légendes m'aident-elles à mieux comprendre?*
- *Lis le livre à nouveau et cherche les mots de vocabulaire.*
- *Ai-je d'autres questions?*

Activités complémentaires

- *Quelle est ta section préférée de ce livre? Rédige un paragraphe à ce sujet.*
- *Fais un dessin représentant l'information que tu as préférée dans ce livre.*

TABLE DES MATIÈRES

UNE SUPERVOITURE DE TOUS LES JOURS

La R8 d'Audi offre une **accélération** rapide et l'excitation de la conduite. Elle convient aussi à la circulation dense et aux petites sorties au café du coin. Avec son puissant moteur et son style brut, c'est la supervoiture pour la conduite de tous les jours. Cependant, son prix n'est pas accessible à tous.

La R8 boit de l'essence super. Elle peut consommer 13 milles (21 km) au gallon pour la conduite en ville et 20 milles (32 km) au gallon sur l'autoroute.

En 2021, Audi offrait quatre options de R8. La R8 de base utilise la propulsion, ce qui signifie que les roues arrière poussent la voiture vers l'avant. Certains pensent que la propulsion réagit davantage comme une vraie voiture sport. Les modèles R8 Performance sont dotés du système de transmission Quattro, qui transmet la force motrice aux quatre roues.

Audi a lancé sa première série de R8 à propulsion (RWS) en 2018. L'entreprise en avait construit seulement 999, et seulement 320 ont été envoyées aux États-Unis.

PRIX DE DÉPART ESTIMÉS

Coupé	145 000 $	198 000 $
Spyder (décapotable à toit souple)	156 000 $	210 000 $

Le conducteur peut enlever et mettre le toit de la R8 Spyder en une vingtaine de secondes simplement en touchant un bouton, même lorsqu'il conduit à une vitesse de 31 mi/h (50 km/h).

UN CŒUR DE COURSE

Le cœur de cette bête de rue est un moteur V10 de 5,2 litres emprunté au modèle de course du fabricant. Le moteur génère 602 chevaux-vapeur aux États-Unis. Le cheval-vapeur est une unité de mesure de puissance sur les pièces qui font tourner les roues. La R8 peut laisser une longue trace de pneu sur la rue avec ce moteur.

Audi, un fabricant d'automobiles allemand, vend la R8 en Europe avec un moteur légèrement plus puissant que la version américaine. Par contre, le rugissement du moteur de la R8 américaine est plus fort.

Le **châssis** et la carrosserie de la R8 sont en aluminium. L'aluminium est plus léger que l'acier. Une voiture plus légère peut atteindre des vitesses plus élevées plus rapidement, parce que le moteur n'a pas à travailler aussi fort pour la déplacer. La R8 pèse environ 3 500 livres (1 814 kg). C'est costaud pour une supervoiture.

La voiture américaine moyenne pèse environ 4 000 livres (1 814 kg). Elle accélère de 0 à 60 mi/h (97 km/h) en 7 à 9 secondes en général.

La R8 a l'air rapide. Elle produit un son retentissant. Ses deux tuyaux d'**échappement** grondent avant même que la voiture arrive dans la rue. Sur une piste de course, le coupé R8 Performance passe de 0 à 60 mi/h (97 km/h) en environ 3 secondes. Sa vitesse maximale est de 205 mi/h (330 km/h).

La supervoiture Huracán de Lamborghini utilise le même moteur que la R8. Audi a acheté le fameux fabricant d'automobiles italien en 1998 pour 110 millions de dollars.

POUR LES MORDUS DE VITESSE

La hauteur de la R8 n'est que de 49 pouces (124 cm). Plusieurs enfants de neuf ans sont plus grands! L'aileron arrière et les prises d'air latérales contribuent à son aspect élancé.

aileron
prise d'air

Audi Sport

Les énormes roues de 20 pouces (50 cm) sont très espacées pour une meilleure maniabilité à grande vitesse ou sur les routes sinueuses – lors des journées chaudes. Les pneus de supervoiture n'offrent pas un bon rendement lorsqu'il fait froid ou s'il y a de la neige ou de la glace sur la route.

Les modèles R8 Performance sont dotés de pneus faits spécialement pour Audi. Cherche la mention « AO » (Audi seulement) sur les pneus.

066M619
MANUFACTURER

DES TOUCHES TECHNOS

L'habitacle luxueux de la R8 met en valeur la technologie perfectionnée d'Audi. Le conducteur peut personnaliser l'écran numérique clair ou se connecter au monde au moyen du point d'accès à Internet sans fil.

Regarde le bouton de démarrage du moteur sur le volant!

Une voiture de luxe a besoin d'un habitacle luxueux. Les propriétaires de R8 choisissent des sièges en cuir fin italien noir, gris, brun ou rouge et le motif lisse ou matelassé Ils peuvent même choisir la couleur des coutures.

Il manque un *petit quelque chose* à chaque voiture de luxe. Pour la R8, c'est de l'espace de chargement. Son petit coffre peut contenir une seule valise... peut-être.

VOIR ET ÊTRE VU

Des phares brillants à **DEL** orientent la R8 la nuit. Un faisceau laser spécial balaie aussi le sol lorsque la voiture atteint une vitesse de 40 mi/h (64 km/h) ou plus pour ajouter de l'éclairage sur la route.

Les feux arrière à DEL et les clignotants **dynamiques** qui pointent dans la direction du virage aident les autres conducteurs à porter attention aux déplacements de la R8.

La sécurité est importante pour tous les véhicules. La R8 utilise des freins conçus pour arrêter rapidement la voiture à des vitesses très rapides. Elle est également dotée de coussins gonflables et de capteurs d'aide au stationnement.

Les organismes de sécurité nationaux font rarement l'essai de supervoitures comme la R8, peut-être en raison du petit nombre de ces véhicules sur les routes des États-Unis.

UN MODÈLE DE COURSE

Audi a commencé son programme de course moderne en 1981. L'entreprise a remporté des titres et des amateurs partout dans le monde, en particulier pour sa course d'**endurance** du Mans. La R8 d'Audi tire son origine de la **voiture concept** Le Mans Quattro 2003 d'Audi.

Le Type 42, lancé lors du salon de l'automobile de Paris en 2006, a marqué la première génération de voitures de route de modèle R8.

Des versions de la R8 participent à différentes **courses** partout dans le monde aujourd'hui. **Cherche** cette supervoiture de tous les jours qui fait tourner les têtes dans les courses internationales, sur les pistes de course privées et dans les files de service à l'auto un peu partout.

« Horch » signifie « écoute » en Allemand. « Audi » est la traduction en latin.

Le logo d'Audi a changé au fil du temps. En 1985, l'entreprise a présenté les quatre anneaux pour symboliser ses quatre marques : les voitures intermédiaires et haut de gamme Audi, les motos et petites voitures DKW, les voitures de taille moyenne Wanderer et les voitures de luxe de classe supérieure Horch.

LA VOITURE ÉLECTRIQUE DE TOUS LES JOURS?

L'entreprise fondée en 1909 par August Horch a beaucoup changé au fil des années. Aujourd'hui, Audi fabrique la plupart de ses voitures dans une usine écoénergétique près du fleuve Danube. La R8 deviendra fort probablement la supervoiture *électrique* de tous les jours.

Des robots et des gens construisent les R8 dans l'usine d'Allemagne.

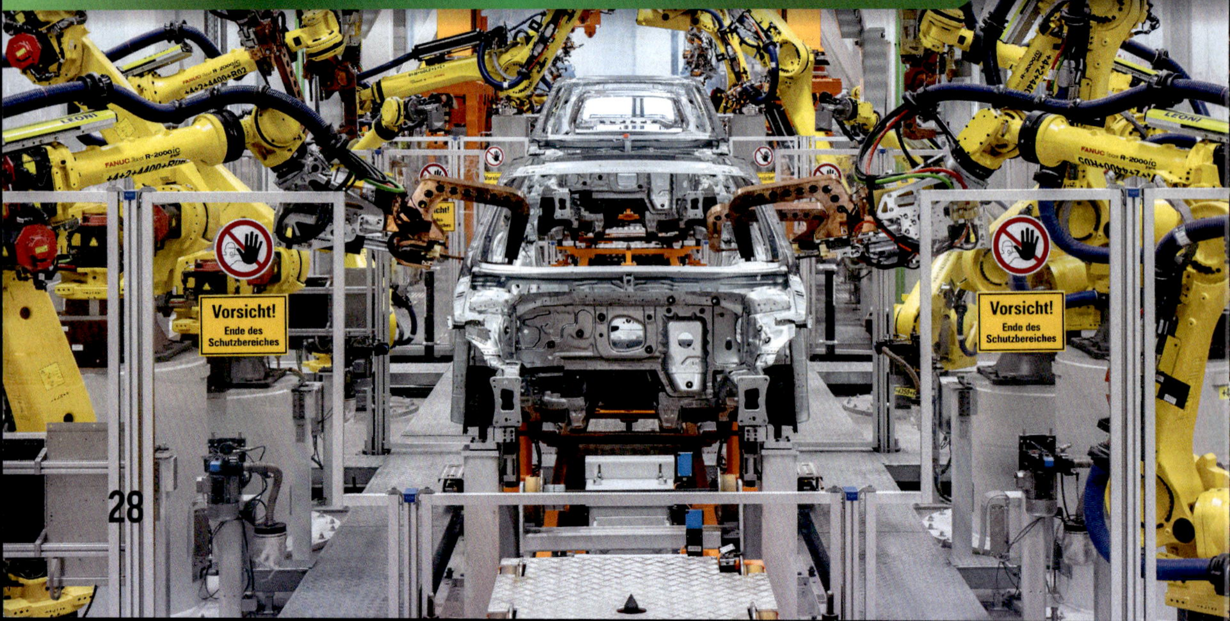

Le personnage Tony Stark conduit une version de la R8 dans six films de l'univers cinématographique de Marvel, y compris dans tous les films d'*Iron Man*.

GLOSSAIRE

accélération (ak-ssé-lé-ra-ssion) : Se déplacer ou ajouter de la vitesse rapidement

châssis (cha-ssi) : La structure du véhicule qui soutient la coque de métal extérieure

DEL (dé-e-èl) : Signifie « diode électroluminescente »; un type de lumière

dynamiques (di-na-mik) : Déplacement ou sensation de déplacement

échappement (é-chap-man) : Les gaz résultant de la combustion dans le moteur d'un véhicule

endurance (en-du-ranss) : Assurer un bon rendement et surmonter les défis pendant une longue période

voiture concept (voa-tur kon-ssept) : Une maquette fonctionnelle pour un véhicule qui n'est pas en production

INDEX

SITES WEB À CONSULTER

www.audi.com/en/experience-audi/audi-sport/audi-racing-models/r8-lms-gt3.html

www.motortrend.com/cars/audi/r8/2020/2020-audi-r8-performance-supercar-review

www.caranddriver.com/news/a34329012/2021-audi-r8-rear-wheel-drive

www.caranddriver.com/audi/r8

www.audi.ca/ca/web/en/search-terms/LED-Tail-lights-Dynamic-Turn-Signals.html

À PROPOS DE L'AUTRICE

Tracy Nelson Maurer

Tracy Nelson Maurer a écrit plus de 100 ouvrages documentaires pour les jeunes lecteurs. Elle vit au Minnesota, où elle conduit joyeusement une minifourgonnette.

CRABTREE Publishing Company

Production : Blue Door Education pour Crabtree Publishing
Autrice : Tracy Nelson Maurer
Conception : Jennifer Dydyk
Révision : Kelli Hicks
Correctrice : Janine Deschenes
Traduction : Annie Evearts
Coordinatrice à l'impression : Katherine Berti

Photographies : Couverture : (logo) © Shutterstock.com/officeku, (indicateur de vitesse) © Shutterstock.com/Panuwatccn, (toit de voiture reluisant en haut à gauche de la couverture et dans le livre) © Shutterstock.com/ Inked Pixels, photo de la couverture de R8 © AUDI AG, p. 4 ©istock.com/Roman Stasiuk, p. 5 © istock com/DarthArt, p. 6-7 © AUDI AG (toutes), p. 8 ©shutterstock.com/Levent Konuk, p. 9 © AUDI AG, p. 10 © AUDI AG, p. 11 © Jianhua Liang| Dreamstime.com (haut), Domagoj Kovacic / Shutterstock.com, p. 12-13 © AUDI AG (toutes), p. 14-15 ©AUDI AG (toutes), p. 16 © AUDI AG, ©Domagoj Kovacic / Shutterstock. com, p. 17 © AUDI AG, p. 18-19 © AUDI AG (toutes), p. 20-21 © AUDI AG (toutes), p. 22-23 © AUDI AG (toutes), p. 24 © VanderWolfImages| Dreamstime.com, p. 25 © AUDI AG, p. 26 © Michele Morrone| Dream-stime.com, p. 27 © AUDI AG, p. 28-29 © AUDI AG (toutes). Nous remercions chaleureusement Audi.com pour l'utilisation de ses images dans le but d'informer les jeunes lecteurs au sujet des voitures au moyen de textes documentaires et éditoriaux

Crabtree Publishing Company
www.crabtreebooks.com 1-800-387-7650

Publié aux États-Unis
Crabtree Publishing
347 Fifth Avenue
Suite 1402-145
New York, NY, 10016

Publié au Canada
Crabtree Publishing
616 Welland Ave.
St. Catharines, Ontario
L2M 5V6

Imprimé au Canada/102021/CPC

Catalogage avant publication de Bibliothèque et Archives Canada

Titre: La R8 d'Audi / Tracy Nelson Maurer.
Autres titres: R8 by Audi. Français.
Noms: Maurer, Tracy Nelson, auteur.
Description: Mention de collection: Les véhicules de luxe | Les branches de Crabtree | Traduction de : R8 by Audi. | Traduction : Annie Evearts. | Comprend un index.
Identifiants: Canadiana (livre imprimé) 20210355301 | Canadiana (livre numérique) 2021035531X | ISBN 9781039603363 (couverture souple) | ISBN 9781039603424 (HTML) | ISBN 9781039603486 (EPUB)
Vedettes-matière: RVM: Audi R8 (Automobile)—Ouvrages pour la jeunesse. | RVMGF: Documents pour la jeunesse.
Classification: LCC TL215.A825 M3814 2022 | CDD j629.222/2—dc23